Andreas Erlenburg

Ich lausche unserer Lust

AF221049

Andreas Erlenburg ist das Pseudonym eines in Deutschland geborenen Autors.

Andreas Erlenburg

Ich lausche unserer Lust

Erotische Gedichte

© 2020 Andreas Erlenburg

Herstellung und Verlag: BoD – Books on Demand,

Norderstedt

Printed in Germany

ISBN 9783751957991

Vorwort

Nachdem die Texte in meinem ersten Band mit erotischen Gedichten im Stile japanischer Haiku verfasst waren, bin ich sowohl nach einem Folgeband als auch nach längeren Versen mit aufreizendem Inhalt gefragt worden. Damit lag die Herausgabe eines Bandes mit beiden Gedichtvarianten nahe. Also habe ich mich an die Zusammenstellung gemacht – das Ergebnis ist die vorliegende Sammlung erotischer Gedichte.

Da die Lust und ihr Empfinden bei uns Menschen immer der jeweiligen Stimmungslage angepasst ist und ich, wie schon bei dem vorangegangenen Band mit den Haiku, auch diese Gedichte über einen längeren Zeitraum hinweg geschrieben habe, sind hier ebenfalls Schwankungen erkennbar: Mal sind die Verse eher lieblich-romantisch, manchmal etwas weniger subtil, einige vielleicht sogar an der Grenze zum Derben. Ich bin eben auch ein Mensch mit Gefühlen, der wie alle einem täglichen Wechselbad an

Emotionen unterliegt. Ich hoffe, dass die in diesem Band versammelten Texte dennoch gefallen werden, denn ihre Grundintention ist immer die gleiche: Liebe, Lust und Sinnlichkeit.

Herzliche Grüße
Andreas Erlenburg

Ich lausche unserer Lust

Waldeinsamkeit

Inmitten eines grünen Waldes
suchen wir uns einen ruhigen Platz,
fernab der vielen Wanderwege,
denn uns der Sinn nach Liebe steht.

Ringsum von grünen Büschen gesäumt
lädt uns eine kleine Lichtung ein
zum Verweilen und zum Liebesspiel,
und kosend lassen wir uns nieder.

Als Küssen, Streicheln uns nicht mehr reicht
springen schnell wir aus unsren Kleidern
und versinken rasch im Liebesspiel,
die Welt rings um uns her vergessend.

So wir uns genießen stundenlang,
nicht bemerkend einen Jägersmann,
der ungeniert vom Hochsitz droben
unserem Treiben lächelnd zusieht.

***

Verführung

Mit sanftem Lächeln

schiebst du langsam den Rock hoch,

zeigst die Strumpfhose,

die den Ort der Lust bedeckt.

Kein Slip ist in Sicht,

doch das Enthüllen dauert,

heizt das Feuer der Lust an.

***

Reizende Unschuld

Eine junge Frau

mit enger weißer Bluse,

dünn und durchsichtig,

nähert sich mir von vorne.

Ein schwarzer BH

ist deutlich zu erkennen.

Sie wirkt reizend unschuldig.

***

Unverhofft 1

Die Hochzeit ist sehr langweilig,
drum würde ich am liebsten gehn,
doch ist's zu früh, ich trau mich nicht,
denn übelnehmen würd man's mir.

Mit dem Schicksal heftig hadernd
lustwandel ich im Sonnenschein
fern von der Gesellschaft Treiben
in des Gartens reizend' Schönheit.

Ich spür, dass eine Frau mir folgt,
und wende ihr die Schritte zu.
Sofort sie wird ganz Rot vor Scham,
gesteht mir stammelnd ihre Liebe.

Sie ist ein lieblich junges Weib,
das mein Herz lässt höher schlagen,
dazu mich packt der Liebe Lust,
zu lange war ich schon allein.

Mein lieblich Kuss auf ihren Mund
entfesselt der Lüste Wildheit,
kosend wir sogleich versinken
hinter dichter Büsche Schutzwall.

***

Entspannungsmassage

Ein Haibun

Du liegst entspannt auf dem Bett. Deinen gesamten Körper habe ich sanft mit Öl bestrichen, so dass er nun im flackernden Schein von Kerzen glänzt. Im Rhythmus einer ruhigen Musik streichle ich voller Hingabe jede Stelle deines herrlichen Körpers. Ausgiebig verwöhnen dich meine Hände, ganz besonders in den intimsten Regionen.

Sanft massiert er sie,
dabei wird nichts vergessen,
auch nicht ihr Geschlecht.

***

Ersatzspieler

Ist der Bräutigam betrunken
in seiner eignen Hochzeitsnacht,
darf es niemanden verwundern,
dass die Braut bumst einen andren.

Ein alter Freund ihr Trauzeuge,
der gern erweist ihr jeden Dienst,
drum steigt ins Bett er mit der Braut,
um zu tun des Bräutigams Job.

Entjungfern muss er die Braut nicht,
das schon jemand tat vor Jahren,
doch dies der Bräutigam nicht weiß
und er auch nie erfahren soll.

Am andren Tag der Bräutigam
ist wieder nüchtern und beseelt,
weil seine Braut verzückt nur lacht,
ihm schmeichelt wegen der Potenz.

***

Ein Liebesakt

Verführerisch liegst du auf deinem Bett,
dein nackter Leib glänzt im Licht des Mon-
des,
voller Ehrfurcht knie ich vor dir nieder,
atme tief den Duft deiner Grotte ein.

Meine Lippen küssen deine Möse,
während die Zunge ihr eifrig huldigt,
durch das emsig Lecken der Lusthöhle
deine Liebessäfte zum Fließen bringt.

Schon schwillt der Strom aus Liebessaft
stark an,
dein lustvolles Stöhnen hallt durch den
Raum,
steigert meine eigene Leidenschaft,
lässt uns die Zeit und den Ort vergessen.

Als sich dein Leib im Orgasmus schüttelt,
trinke ich deinen köstlichen Nektar,
ergötze mich an deiner heißen Lust
und wünsche meinen Speer zu versenken.

Mein   Kopf   erscheint   zwischen   deinen
                                    Schenkeln
wie die Sonne am roten Horizont,
an meinen Lippen glänzt matt Feuchtigkeit
vom Grund deiner geleckten Lustmuschel.

Sanft berühren sich unsere Lippen,
verschmelzen dann zu einem heißen Kuss,
während   dem   du   deinen   Liebessaft
                                    schmeckst
und dich in Ekstase versetzen lässt.

Noch während unsres innigen Kusses
greife ich nach deinen prallen Brüsten,
knete sie und spiele mit den Nippeln,
da wird deine Lustgrotte wieder feucht.

Jetzt versenke ich meinen Liebesspeer,

der vor Hitze und Verlangen pulsiert,

eng umschließt ihn deine Liebesgrotte

und wir schweben im Paradies der Lust.

***

Beim schlendernden Gang
schaukelt ihr Po hin und her,
lässt Schlaffes wachsen.

***

Unter deinem Kuss
beginnt mein Glied zu wachsen.
Es glüht vor Hitze.

***

In mir wogt die Lust,
sehnt sich nach deinem Körper.
Bitte lass mich ran!

***

Heiß pocht dein Geschlecht,
ersehnt sich mein hartes Glied.
Sieh, es ist so nah!

***

Das Wasser perlt ab
von deinem Badeanzug.
Erregte Nippel.

***

Ans Bett gefesselt
mit meinem Schlips aus Seide.
Gespanntes Warten.

***

Im Freibad

Ein heißer Sommer,
das Freibad bringt Abkühlung,
nicht nur im Wasser,
sondern auch auf der Wiese:
Manche junge Frau
nimmt ein schönes Sonnenbad,
zeigt dabei blanke Brüste.

***

Unverhofft 2

Endlich war es Feierabend,
drum ich schickte froh mich an
zu verlassen diese Stätte,
wo mein Tagwerk war verrichtet.

Doch plötzlich war die Tür versperrt
von einer wunderschönen Frau,
was mich völlig überraschte
und tief in Verwirrung stürzte.

Ihr Herz war lange schon entflammt,
sie begehrte mich zum Freunde,
da passte es sich richtig gut,
dass ich derzeit alleine war.

Beim Geständnis ihrer Liebe
konnte ich nicht widerstehen,
mich hatte heiße Glut erfasst
und geweckt die Urinstinkte.

Schon verschmolzen unsre Lippen,

wild umspielten sich die Zungen,

einen Sinnenrausch entfachend,

der die Lenden ließ erglühen.

Nun es ward ein langer Abend

in meinem tristen Büroraum,

wo wir machten heiße Liebe

und uns wähnten im Paradies.

***

Sinnesrausch

Ein Haibun

Langsam streifst du dein Oberteil ab. Es kommen blanke Brüste zum Vorschein, die vor Erregung beben. Rosig glänzen die Kugeln im sanften Schein der Kerzen. Die dunklen Warzenhöfe heben sich sanft vom Untergrund ab. Wie kleine Kronen erheben sich die kirschroten Nippel, die so hart wie Stein geworden sind. Wild vor Lust presse ich meine Lippen auf deinen Mund und genieße die Erwiderung. Schon öffnet sich dein Mund und heraus kommt deine Zunge, die in meinen Mund huscht. Sofort beginnen sie dort einen wilden Tanz. Meine Hände streicheln währenddessen sanft deine Brüste. Ein wundervolles Gefühl, das in uns beiden rasch die Lust auf mehr erweckt. Schnell öffne ich meine Hose und schiebe deinen kurzen Rock nach oben. Voller Ungeduld zerreiße ich deinen hauchzarten Slip.

Nach einem letzten Zungenkuss lässt du dich auf den Rücken sinken und spreizt die Beine. Begleitet von unserem lustvollen Stöhnen dringe ich in dich ein…

Zuerst Begierde,
dann eine Feuerwalze.
Die Lust verbrennt uns.

***

Zufällige Begegnung mit Folgen

In der Schlange an der Kasse
stand ich wartend lange an,
doch als dein Körper sanft mich streifte,
war das Warten nicht mehr schlimm,
statt gedankenlosem Harren
vergnügten wir uns mit Geplauder.

Wir trafen uns nun immer wieder,
mal bei dir und mal bei mir,
dem Gespräch aus reinem Zufall
folgten noch sehr viele mehr,
dabei wir kamen uns auch näher,
wollten stets beisammen sein.

Die Innigkeit war ganz gewaltig,
zusammen waren wir sehr glücklich,
und schließlich kam, was kommen musste:
Statt Worten formten Lippen Küsse,
aus Freundlichkeit erwuchs die Lust,
die rasch uns auf den Gipfel trieb.

Die Luft war angefüllt mit Liebe,

es knarrte das Bett voll Harmonie,

und während heiße Säfte flossen,

‚sangen' wir des Amors Loblied,

bis schließlich ganz erschöpft wir waren

und du in meinen Armen schliefst.

***

Im Fahrstuhl

Ein Haibun

Es ist schon recht spät, als ich mein Büro verlasse. Wie so oft bin ich der letzte. Leise gleiten die Fahrstuhltüren auf. Ich trete ein, und bevor sich die Türen schließen können, huscht meine Lieblingskollegin hinein. Ich weiß nicht, wo sie so plötzlich herkommt, aber sie ist da. Uns verbinden seit längerem kleine Flirts.

Kaum hat sich der Fahrstuhl in Bewegung gesetzt, als sie auch schon den Nothalt drückt. Leise surrend stoppt der Lift. Ohne ein Wort zu sagen, öffnet die Schöne meine Hose und befreit meinen Schwengel. Dann hebt sie ihren Rock und entblößt ihren Unterleib, den kein Slip verdeckt. Während sie mir den Rücken zudreht, fasst sie die Haltestange, bückt sich tief und spreizt weit die Beine. Ich erkenne Lusttropfen an ihren Schamlippen. Mein inzwischen harter Schwanz betritt ohne zu zögern ihre pulsierende Lustgrotte. Es ist der Auftakt zu einer heißen Abendstunde…

Ende der Dienstzeit,
heißer Fick im Fahrstuhl.
Die Lampe flackert.

***

Der Sieg der Lust

Langsam lässt das Kleid du sinken,
schon ich seh die Nippel blinken,
dann es rutscht hinab noch weiter,
was stimmt mein Glied sofort recht heiter,
und als du endlich nackig bist,
entflammen Herz und Glied im Zwist.

Innig möcht mein Herz dich lieben,
nur ins Loch mein Glied sich schieben,
und so gespalten ich bin sehr,
zu lieben ist doch gar recht schwer,
drum frag ich mich, was soll ich tun,
anhimmeln oder bumsen nun?

Die Holde gibt die Antwort mir,
lässt nieder sich auf alle vier,
bietet ihr Lustloch schamlos an,
so dass ich gar nicht anders kann,
als von blanker Lust getrieben
dort mein Glied hinein zu schieben.

Danach ich reite sie gar wild,

worauf sie mich ganz tüchtig schilt,

denn sie möchte es genießen,

drum ich soll nicht schnell abschießen,

von nun an sie bestimmt mein Tun,

degradiert bin ich zum Spielzeug nun.

Das ist nicht schlimm, der Sex ist's wert,

drum kämpf ich mit halb stumpfem Schwert

tief in ihrem Lustloch drinnen,

wo die Liebessäfte rinnen,

bis wir kommen mit lautem Schrei

- die Lust gibt mich nun wieder frei.

***

Zwei Limericks

Ein junger Mann aus Peine

liebt eine Frau aus Meine:

Es fällt ihr Mieder,

sie kniet rasch nieder,

fasst ihm zwischen die Beine…

***

Ein junger Mann aus Darmstadt

der hat normalen Sex satt.

Er fand was Neues,

das war was Teures,

nun die Herrin sein Geld hat.

***

Erotikmassage

Sanft massieren dich meine Hände,
lassen keine Körperstelle aus,
gleiten den Leib hinauf und hinab,
streicheln mal sanft, dann hart, auch for-
dernd.

Liebreizend ich kose dein Geschlecht,
kein Härchen mindert die Berührung,
schon erfasst dich heiße Erregung,
lässt Lust durchfluten deinen Körper.

Vor Geilheit du wirst ganz atemlos,
zudem sich richten die Nippel auf,
glänzen rosig und sind hart wie Stein,
derweil dein Schlitz vor Nässe schimmert.

Fühlbar deine Schamlippen wachsen,
ich spüre ihre Kraft und Größe,
erblicke ihr Aufgehn wie Blüten
aus der Wölbung deiner Lustspalte.

Sie wirken rot wie eine Rose,
anmutig und recht verführerisch,
dazu durftet verlockend dein Schlitz
wie die Frühlingsblumen im Lenzmond.

Magisch angezogen wird mein Blick,
zu gern ich würd den Schlitz dir küssen,
doch noch meine Hände streicheln dich,
derweil mich deine Verheißung lockt.

Endlich die Zunge leckt deinen Schlitz,
fährt sanft entlang an den Schamlippen,
bevor sie zärtlich das Loch betritt,
zu huldigen deinem Heiligtum.

Dein Lustsaft fließt in großen Strömen,
schmeckt köstlich wie göttlicher Nektar,
und gierig-gern ich davon nasche
zur Verzückung all meiner Sinne.

Wie Musik für mich dein Stöhnen klingt,
schöner noch als der Sirenen Sang,
dazu die Hitze deines Körpers,
der sich meinem Mund entgegenpresst.

Die Zungenmassage tut dir gut,
lässt dich das Hier und Jetzt vergessen,
vertreibt den Stress und die Probleme,
bannt zudem dein täglich Einerlei.

Wenn dann am Ende der Massage
einen Kuss auf meinen Mund du drückst,
erscheint mir dies wie doppelter Lohn,
so dass beschämt den Blick ich senke.

***

Heiße Berührung,
herrlich sanft ist deine Hand.
Süße Liebkosung.

***

Langlauf der Frauen,
oben wippen die Titten.
Kneifende Höschen.

***

Welch geiler Hintern
wird von deiner Jeans geformt!
Mein Kopfkino läuft.

***

Vor meinem Gesicht
wackelt dein nacktes Gesäß.
Wink mit dem Zaunpfahl.

***

Schweiß und Lustsäfte
lassen dein Geschlecht glänzen
im Licht der Kerze.

***

Ich muss zur Arbeit,
doch du umgarnst mich heftig.
Noch schnell ein Fick.

***

Orgasmus

Lang ausgestreckt liegst du auf dem Bett,
genießt die Zunge an deinem Schlitz,
lauscht auf das Rasen der Lustschauer,
schreist deine Ekstase in die Welt.

Als die Flut des Orgasmus verebbt,
geht mein vor Lust erregtes Gesicht
an deinem intimen Horizont
auf wie die rote Morgensonne.

Lustverzerrte Blicke treffen sich,
während mein Körper nach oben rutscht
und ich langsam die Liebeslanze
in deiner Lustgrotte versenke.

Rasch finden wir den gleichen Rhythmus,
gehen auf mit voller Leidenschaft
in unsrem köstlichen Liebespiel,
dann lassen wir die Säfte fließen...

***

Mittel zum Zweck

Mit der engen Jeans
erweckst du Aufmerksamkeit,
die du sehr genießt,
doch die Jeans kneift fürchterlich,
was du in Kauf nimmst,
denn du willst Jungs betören,
sie in deinen Bann schlagen.

***

Orale Freuden

Endlich sind wir ungestört,
die Freunde sind gegangen,
nun mein Sehnen wird erhört,
die Lust hält uns umfangen.

Rasch die Kleidung von uns fällt,
derweil wir innig küssen,
dann ganz nackt uns nichts mehr hält,
wir tun, was wir tun müssen.

Auf blütenweißem Leinen
genießen wir die Liebe,
ich zwischen deinen Beinen,
so leben wir die Triebe.

Doch du möchtest noch viel mehr,
oral soll ich dich nehmen,
das gefällt mir auch gar sehr,
drum lasse ich mich zähmen.

Ich verwöhn mit ganzer Kraft
mit Zunge lieb dein Möschen,
schlecke all den süßen Saft
der fließt aus deinem Döschen.

Laut du stöhnst die Lust heraus,
genießt der Zunge Schlecken,
bist zu hörn im ganzen Haus
- ich hör nicht auf zu lecken.

Als von Lust ganz ungehemmt
du deinen Saft lässt fließen,
wird mein Mund schnell überschwemmt,
und still ich tu genießen.

***

Die eigene Sinnlichkeit

Die Liebenden sind unter sich,
genießen ihre Zweisamkeit
mit etwas sinnlicher Musik,
die sanft im Hintergrund erschallt.

Langsam ich beuge mich hinab,
küsse sanft dein duftiges Haar,
danach deinen samtweichen Hals,
am Ende schließlich deinen Mund.

Wohlgeformte rote Lippen
empfangen gierig meinen Kuss,
erwidern ihn gar recht stürmisch,
befeuert von der Liebeslust.

Unser Sehnen gilt der Nacktheit,
drum fällt rasch die ganze Kleidung,
Lust erhitzt uns unsre Leiber,
Erregung hat uns fest im Griff.

Ich streichle dich voller Genuss,
genieß die Sanftheit deiner Haut,
doch rasch es zieht mich tief hinab,
die Zunge sucht dein Heiligtum.

Weit geöffnet ist die Höhle,
gar sanft dringt meine Zunge ein,
sucht darin die kleine Knospe,
damit du schmelzen wirst vor Lust.

Wenn deine Lust dann richtig kocht,
wird mein Lustspeer es vollenden,
tief er wird sich in dich senken,
den Vulkan zum Ausbruch bringen.

Sind wir vollends dann befriedigt,
kuschelst du beglückt dich an mich,
wir genießen dann den Nachhall
von unsrer eignen Sinnlichkeit.

***

Halbe Freude

Dein Besuch mir Freude macht,
lässt Liebesfunken fliegen,
schnell wir nähern uns ganz sacht
und lassen Amor siegen.

Rasch Hemd und Bluse fallen,
es folgen Rock und Hose,
hoch die Gefühle wallen,
die Sitten werden lose.

Schon glänzt das weiße Höschen
in deiner Körpermitte,
nun will ich an dein Döschen,
hinfort ist alle Sitte.

Schnell fällt dein Slip zu Boden,
am Ziel ich mich schon wähne,
da packst du meine Hoden,
auf das mein Auge träne.

Ausgeliefert bin ich dir,
nur Wachs in deinen Händen,
du diktierst die Wünsche mir,
tust meine Sinne blenden.

Nun liegst du auf dem Bette,
lässt dir den Schlitz gut lecken,
wir stöhnen um die Wette,
die Nippel sich aufrecken.

Bumsen möchte ich dich gern,
doch Oralsex liebst du mehr,
so Normalsex ist gar fern,
zum Schlitzlecken kommst du her.

Freude macht das Ficken mir,
doch willst du das nicht machen,
so sind die Besuche hier
für mich nur halbe Sachen.

***

Ich läute bei dir,

du öffnest oben ohne.

Es gibt kein Halten...

***

Du kommst aus dem Bad,

in ein Handtuch gewickelt.

Dann fällt es herab...

***

Wildes Verlangen,

mein Herz beginnt zu rasen,

dein Schlitz kocht vor Lust.

***

Beim Kuss der Möse
kitzelt mich lieblicher Duft
purer Weiblichkeit.

***

Hemmungslose Lust,
Spermatropfen im Schamhaar,
Zeichen unsrer Lust.

***

Du bist ganz nackig,
bückst dich tief vor dem Kühlschrank.
Die Möse klafft auf.

***

Umarmung

Mit inniglicher Umarmung
begrüßen sich zwei Liebende,
dabei sie tätscheln das Gesäß,
des anderen mit Zärtlichkeit.

Als dann Küsschen sie sich geben,
werden die Hüften gestreichelt,
doch gleich geht's wieder zum Gesäß,
das gar wohlwollend wird gekost,

Danach sie streifen Hand in Hand
durch das lärmende Nachtleben,
verbringen gerne ihre Zeit
mit dem vielgeliebten Menschen.

***

Sommerliebe

In der Zeit der Blumentage
kam ich in die schöne Lage,
mit Erfolg danach zu streben,
mich dir gänzlich hinzugeben,
unter einem schönen Baume
dich zu lieben wie im Träume.

Die Zeit schien ganz still zu stehen,
doch du sahst die Wolken gehen,
spürtest meine Lust tief in dir,
voller Leidenschaft waren wir,
liebten uns mit ganzer Inbrunst
und teilten schließlich unsre Gunst.

Als der Höhepunkt war erreicht,
war es um unsre Herzen leicht,
und so saßen wir noch lange
unter dem Baum Wang' an Wange,
erfüllt von wahrer Seligkeit,
bis zum Einbruch der Dunkelheit.

***

Im Wald

Durch eines Wäldchens Dunkelheit
spazierte er mit seiner Maid,
sie turtelten und kosten sich,
weil Amor ständig um sie schlich.

Die Frau, sie wollte schließlich mehr,
sehnte nach seinem Glied sich sehr,
so ins Ohr sie ihm tat flüstern
ihren Wunsch gar richtig lüstern.

Sie machte ihn zum geilen Bock,
damit er ging ihr an den Rock
und sie würde ohne Schämen
hier im Wald gleich richtig nehmen.

Ihr Plan ging auf, er bumste sie,
nahm sie so hart ran wie noch nie,
es toste richtig wild ihr Blut,
entfachte stets erneut die Glut.

Als ihre Muschi war dann wund,
nahm sie sein Glied in ihren Mund,
und es dauerte nicht lange,
da zuckte wild die Zuckerstange.

Als seine Hoden waren leer,
atmeten beide gar recht schwer,
blieben auf der Lichtung liegen,
dachten an den Sex und schwiegen.

Nach einer geraumen Weile
sie flanierten ohne Eile
sich kosend durch den kleinen Wald,
doch kam die Lust zurück alsbald…

***

Verführung in kühler Luft

In des kühlen Herbstes Luft
liegt dein köstlich' Parfümduft,
lieblich bist du anzuschaun,
bist die Schönste aller Fraun.

Du trägst nur ein dünnes Kleid,
so dass ich an deiner Seit'
kann frei beim Spazierengehn
tief in deinen Ausschnitt sehn.

Rasch zeigt Wirkung die Kühle,
zeitigt in mir Gefühle,
denn die Nippel eben zart
werden durch die Frische hart.

Kein BH sie still verdeckt,
sie sind nicht diskret versteckt,
zu tief ist des Kleids Ausschnitt,
was mich rasch bringt aus dem Tritt.

Kaum sind deine Nippel hart,
komme ich ganz schnell in Fahrt,
leicht man übersieht ein Riff,
doch die Lust hat mich im Griff.

Liebe ist ein seltsam' Spiel,
zu gewinnen gibt es viel,
doch zeigt der Nippel Ansicht,
dass auf Sex du bist erpicht?

Stark gewachsen ist mein Glied,
drum ich sing das alte Lied
von meiner heißen Liebe,
gepaart mit starkem Triebe.

Kaum sind verhallt die Worte,
ziehst du mich zur Pforte,
und eh ich bin besonnen,
genießen wir Lustwonnen...

***

Auf der Suche

Während unsres ganzen Lebens
ist Sinnessuche Ziel des Strebens,
doch die Suche ist gar schwierig,
dazu auch noch recht langwierig.

Oft die Suche erzeugt viel Frust,
drum wir ergeben uns der Lust,
so suchen wir und haben Spaß,
verlieren oft das rechte Maß.

Einer Frau stets treu zu dienen,
zwischen ihren Beinen knien,
ist viel besser als das Streben
nach der Sinnsuche im Leben.

Drum vergiss nicht auszuschauen
nach den vielen schönen Frauen,
lebe immer im Jetzt und Hier,
genieß es und besorg es ihr!

Dein Herz wird dir sehr dankbar sein,

und ist die Sache auch nicht rein,

ist sie ein schöner Lebensweg,

nicht nur ein schmaler Daseinssteg.

***

Liebestaumel

Ich brenne vor Verlangen,
nach dir sehnt sich mein Herz,
drum ist schön das Wiedersehn
und das Lusterlebnis.

Ich küsse Hals und Brüste,
derweil du hältst mein Glied,
ich sauge an den Nippeln,
derweil du reibst den Stamm.

Bevor ich mich ergieße,
bückst du dich rasch vor mir,
feucht glänzt dein lieblich' Lustloch,
als du die Beine spreizt.

Rasch ich dringe in dich ein,
berauscht von unsrer Lust,
und während ich dich nehme,
ertönt dein Lustgesang.

Glühendes Feuer lodert,
kämpft gegen Finsternis,
die Freude unsrer Liebe
bestrahlt der Seele Glanz.

Ist unser Rausch verflogen,
tritt eine Pause ein,
wir kuscheln und wir küssen
einander ganz beglückt.

Doch erwacht erneut die Lust,
beginnt ein neues Spiel,
dann gibt's für uns kein Halten,
dann frönen wir der Lust!

***

Im Botanischen Garten

Hand in Hand wir gingen durch den Garten,
genossen die vielen Blumenarten,
die hier gediehen auf engstem Raume.
teils am Fuße eines großen Baume.

Kleine Wolken hingen am Firmament,
verbanden sich zu einem Ornament,
während wir schritten über die Wiese,
voller Liebe wie im Paradiese.

Beim Lustwandeln drücktest du meine
Hand,
worauf sogleich mein Mund den deinen
fand,
so dass recht inniglich wir uns küssten,
ganz heiß, als wenn wir uns trennen müss-
ten.

Schnell ergriff uns körperliche Begier,

und so vergaßen wir das ‚Jetzt' und ‚Hier',

glaubten zu hören sphärische Klänge,

wollten verlassen der Kleidung Enge.

Rasch wandten wir uns dem Ausgange zu,

sehnten uns nach der eigenen Wohnung
Ruh,

wo wir es wieder ausgiebig trieben,

und die Körper aneinander rieben.

Schon bald erschallte mit lieblichem Klang

aus den Kehlen wollüstiger Gesang,

waren entzückt die Augen geschlossen,

während wir unsre Liebe genossen.

***

Sie zieht Blicke an
im Freibad meiner Kleinstadt.
Roter Bikini.

***

Suchende Finger
finden deine Lustknospe.
Höhenflug der Lust.

***

Lustvolles Keuchen,
ich stecke tief in ihr drin.
Anale Freuden.

***

Voller Lüsternheit
giere ich nach deinem Leib.
Wann lässt du mich ran???

***

Kaffeebraune Perle,
wie gern würd' ich dich bumsen!
Unerfüllter Traum.

***

Niemand hat bemerkt,
dass wir gevögelt haben.
Reichlich Alkohol.

***

Valentinstag

Heut ist wieder Valentinstag,
und für die schönste Frau im Land
such ich ein passendes Geschenk,
doch fällt die Wahl mir gar nicht leicht.

Blumen sind viel zu gewöhnlich,
Konfekt kommt auch nicht immer an,
und Dessous gab's zum Geburtstag,
so ist guter Rat nun teuer.

Doch schließlich kommt mir die Idee
zu kaufen einen Slip für mich,
darin ich will darbieten mich
als ihr persönliches Geschenk.

Als ich dann daheim ankomme,
erwartet sie sehnsüchtig mich
ganz kokett in Unterwäsche,
was glatt die Sprache mir verschlägt.

Gern ich wollt sie überraschen,

doch sie hat umgedreht den Spieß,

hat schicke Wäsche sich gekauft,

mir zum Zeichen ihrer Liebe.

Meine Kleidung fliegt beiseite,

darunter auch der neue Slip,

sie würdigt keines Blickes ihn,

weil Amor uns hat fest im Griff.

So vergnügen wir uns lange,

bis schließlich wir sind ganz erschöpft,

wörtlich haben wir genommen

den Tag als ‚Tag der Liebenden'.

***

So zärtlich wie ein Lufthauch

Vorüber ist ein langer Tag,
angereichert mit viel Mühen,
nun zu Hause sind wir beide,
geben hin uns unsrer Muße.

Lieblich kuschelst du dich an mich,
säuselst dabei liebe Worte,
drum sogleich ich reagiere
auf die Sinnlichkeit der Stimme.

Doch bei den Worten bleibt es nicht,
rasch die Kleidung fällt zu Boden,
schon wir huldigen Gott Eros,
die Natur es uns gebietet.

Während ich den Leib dir streichle,
flüsterst du gar schöne Worte,
unterbrochen von dem Stöhnen,
das deine Leidenschaft beweist.

Schon sich vollzieht der Liebesakt,
der Bund zwischen zwei Liebenden,
danach wir liegen erst ganz still,
wollen schöpfen neuen Atem.

Schließlich deine Finger wandern,
streicheln zärtlich meinen Körper,
über dem sie scheinbar schweben,
dabei Wohlgefühl auslösen.

Deine Finger streicheln innig,
berühren meine heiße Haut
wie sonst nur ein zarter Lufthauch,
der die Sinne lässt vibrieren.

Mein ganzer Körper giert danach,
nach dem Streicheln deiner Finger,
die so sanft wie ein Luftzug sind,
nur heißer als er es vermag.

***

Nach dem Bad

Aus dem Bad kommst du zu mir
in dein Badetuch gehüllt,
am Hals ein Tropfen schimmert,
rinnt langsam hinab die Haut.

Als du schließlich vor mir stehst,
heb freudig ich die Augen,
es verschmelzen die Blicke,
darin lodert wilde Lust.

Plötzlich fällt das Badetuch,
schwebt elegant zu Boden,
nackt wie Eva stehst du da,
mit harten, steifen Nippeln.

Ich sehe einen Tropfen
auf des Schenkels weicher Haut,
doch es kann kein Wasser sein:
Mich dünkt, es wäre Nektar.

Rasch ich ziehe dich an mich,

küsse dein Gesicht verzückt,

bevor ich abwärts wandre,

dir deinen Leib liebkosend.

Der Liebesfunken lodert,

die Glut der Lenden züngelt,

nun es gibt kein Halten mehr,

bis unsre Seelen schweben…

***

Magische Anziehungskraft

Du trittst vor mich ganz nackt hin,
danach du mich entkleidest,
und wie die Kompassnadeln
richtet sich mein Glied auf dich,
wird magisch angezogen
von deiner Körpermitte.

Meine Sinne sind erstellt
auf dünner Liebe Kruste,
denn wie die Eisenspäne
Gefühle reagieren,
sprechen gar sensibel an
auf jede Körpergeste.

***

Nach der Geschäftsreise

Stundenlang das Bett knarrt rhythmisch,
weil wir unsrer Liebe frönen,
mussten lange uns entbehren,
denn es verlangte mein Beruf.

Nun sind wir beide wieder hier,
vereint in trauter Zweisamkeit,
doch bevor wir lange reden,
muss die Lust befriedigt werden.

Enthaltsam haben wir gelebt,
manch Werben einfach ignoriert,
doch damit ist es heut vorbei,
denn nun wir sind wieder vereint.

Wir genießen die Zweisamkeit,
lassen uns so richtig gehen,
nachzuholen gibt es recht viel,
drum das Bett knarrt lange rhythmisch.

***

In der Pause

Endlich hab ich Mittagspause,
doch leider regnet es sehr stark,
drum lehn ich mich entspannt zurück,
in Gedanken sehr tief schwelgend.

Ich denke an die tolle Frau,
die im Büro mich hat besucht,
die schnell und völlig ungeniert
mir die Pause hat verschönert.

Kurz nur währte das Geplauder,
denn flugs sie gab mir einen Kuss,
dann entschwand sie aus dem Raume,
ging rasch zurück in ihr Büro.

Ich spürte lange noch den Kuss,
fühlte ihre heißen Lippen,
den Geschmack des Lippenstiftes
und konnte riechen ihr Parfüm.

Was wohl hatte sie bewogen,
mich zu küssen gar so plötzlich,
mich zu stürzen in Verwirrung,
meine Lust dabei entzündend?

Heiß brannte meine Leidenschaft,
klären musste ich die Sache,
drum ging ich rasch in ihr Büro,
wo der Elan mich schnell verließ.

Mein Kommen hatte sie geahnt,
vielleicht jedoch auch nur erhofft,
doch dann verschloss sie flugs die Tür,
und wir huldigten dem Amor.

Schon gar recht lange ist das her,
doch denk ich gern daran zurück,
wenn ich habe Mittagspause
und gedenke alter Zeiten.

***

Während des Regens

Die Sonne strahlte hell herab,
drum gingen wir durch Flur und Wald,
hielten einander an der Hand,
genossen unsre Zweisamkeit.

Doch plötzlich, fern von jedem Haus,
der Himmel sich verfinsterte,
rasch die Wolken kamen näher,
dunkel und bedrohlich wirkend.

Rasch in den Wald wir flüchteten,
vertrauten uns den Bäumen an,
und als der starke Regen fiel,
wirkte als Schirm das Blätterdach.

So standen wir recht lange dort,
im Trocknen und gar gut geschützt,
doch schnell uns wurde lang die Zeit,
drum begann ich dich zu küssen.

Kaum war gefühlt der erste Kuss,
entbrannte in uns Leidenschaft,
drum huldigten wir Cupido
bei Regen unter einem Baum.

Als der Schauer war vorüber,
erhoben wir uns von dem Moos,
traten langsam an den Rückweg,
durch die nasse Flur spazierend.

Unsre Stimmung war gehoben,
der Liebeshunger war gestillt,
und noch lange wir gedachten
dieser kleinen Eskapade.

***

Das Wiedersehen

Endlich sehen wir uns wieder,
mein Herz hat dich schon sehr vermisst,
drum ist es nun gar richtig schön,
zu spüren deinen heißen Kuss.

Während wir uns innig küssen,
berühren meine Hände dich,
streichen sanft über den Rücken,
liebkosen sacht dein langes Haar.

Die Küsse wollen enden nicht,
drum streichle ich nun deinen Po,
was im Herzen und den Lenden
die heiße Liebesglut entfacht.

So feiern wir das Wiedersehen
und geben uns der Liebe hin,
genießen jede Einzelheit,
vergessen dabei ganz die Zeit.

***

Ein raffinierter Plan

Du wolltest nur rasch zum Friseur,
doch leider warst du sehr spät dran,
drum kam bei dir viel Hektik auf,
als Folge warst du unachtsam.

Du streiftest unsren Gartenzaun,
der Schaden war zwar sehr gering,
doch dein Gewissen plagte dich,
drum schmiedetest du einen Plan.

Als von der Arbeit ich heimkam,
hast du mich im Flur empfangen,
gekleidet in ein Hauch von Nichts,
durch das ich alles von dir sah.

Ich sah deinen schlanken Körper,
konnte sehen deine Muschi,
dazu auch deinen Prachtbusen
mit den schon ganz harten Nippeln.

Sie drückten hart gegen den Stoff,

zeigten mir deine Erregung,

den Stoff sie wollten zerreißen,

schnell in meine Hände springen.

Drum schmiegtest du rasch deinen Leib

an meinen erhitzten Körper,

was meine Lust erwachen ließ,

die gegen die Hose drückte.

Das Schlafzimmer war schnell erreicht,

gar zügig alle Kleidung fiel,

darauf folgten heiße Küsse,

bevor wir sanken auf das Bett.

Dort gab es dann kein Halten mehr

und Amor gaben wir uns hin,

erst recht zärtlich und dann wilder,

bis die Erschöpfung uns befiel.

Nun gestandest du den Schaden,
doch nach all den Liebesakten
konnte ich dir nur verzeihen,
zumal der Schaden war gering.

Recht gut hatte geklappt dein Plan,
dein Gewissen war erleichtert,
und weil die Lust befriedigt war,
konntest du sein ganz seelenfroh.

***

Bürotreiben

Wir flirteten recht lange schon,
doch das war dir nicht mehr genug,
du wolltest spüren mich ganz nah,
denn du warst entflammt in Liebe.

Du batest mich in dein Büro,
wo du machtest mir Avancen,
ich konnte dem nicht widerstehn,
drum gaben wir der Lust uns hin.

Zum Glück die Tür verschlossen war,
drum niemand hat uns überrascht,
als wir vergaßen Zeit und Raum,
während wir der Liebe frönten,

So trafen wir uns noch recht oft,
um Cupido zu huldigen,
genossen sehr das Liebesspiel
an diesem ganz aparten Ort.

***

Betriebsfest

Sehr beliebt ist das Betriebsfest,
weil man sich kann näher kommen,
unauffällig, ganz behutsam,
zudem Bacchus mir flößt Mut ein.

Als du dann kurz alleine bist,
trete ich schließlich vor dich hin,
gestehe meine Liebe dir,
die Antwort bangend erwartend.

Rasch du ziehst mich auf die Seite,
gibst einen Kuss als Antwort mir,
bevor du mir dann offenbarst,
deine herzlichen Gefühle.

Den Rest des Abends plaudern wir
so intensiv wie nie zuvor,
und als das Fest zu Ende geht,
fahren wir zu dir nach Hause...

***

Ein Liebespaar im Kino

Die Lichter gehen endlich aus,
Dunkelheit wabert um uns her,
nur ganz vorne auf der Leinwand
sieht man Farbe in Bewegung.

Wir wissen nicht, wie der Film ist,
gut oder schlecht ist uns egal,
das Kino ist nicht gut gefüllt,
ganz hinten sind wir ungestört.

Langsam nähern sich die Lippen,
wollen verschmelzen im Kusse,
und als es endlich ist soweit,
schmecken wir der Liebe Süße.

Lange genießen wir den Kuss,
dazu der beiden Zungen Tanz,
doch irgendwann wird uns das fad,
und die Hand beginnt zu wandern.

Erst unter deinen Pullover,
wo sie die Brüste ertastet,
doch dabei dein BH sehr stört,
drum sucht sie sich ein neues Ziel.

Schnell die Hand hat es gefunden,
flugs huscht sie unter deinen Rock,
schiebt den knappen Slip beiseite
widmet sich deinem Heiligtum.

Sanft erregen dich die Finger,
schnell und stoßend geht dein Atem,
als der Höhepunkt dann naht,
steckst du die Faust in deinen Mund.

Kein andrer Gast hat dich gehört,
zu schlecht besucht das Kino war,
der Film hat alles übertönt,
unser Geheimnis bleibt gewahrt.

***

Ebenfalls lieferbar:

Andreas Erlenburg

Haar so weich wie Samt

Erotische Haiku

ISBN 978-3-7481 5959-9